Bildermaus

Annette Moser

Geschichten aus der Einhornschule

Illustriert von Julia Gerigk

Ihre Meinung zählt!

Nehmen Sie jetzt an einer kurzen Elternbefragung
des Loewe Verlags teil und beeinflussen Sie
die zukünftige Entwicklung unserer Kinderbücher:

www.elternbefragung.online

Unser Kinderbuch-Newsletter bietet alle Infos zu Neuerscheinungen
und tollen Veranstaltungen, exklusive Gewinnspiele und vieles mehr!
Jetzt kostenlos abonnieren: *www.loewe-verlag.de*

Inhalt

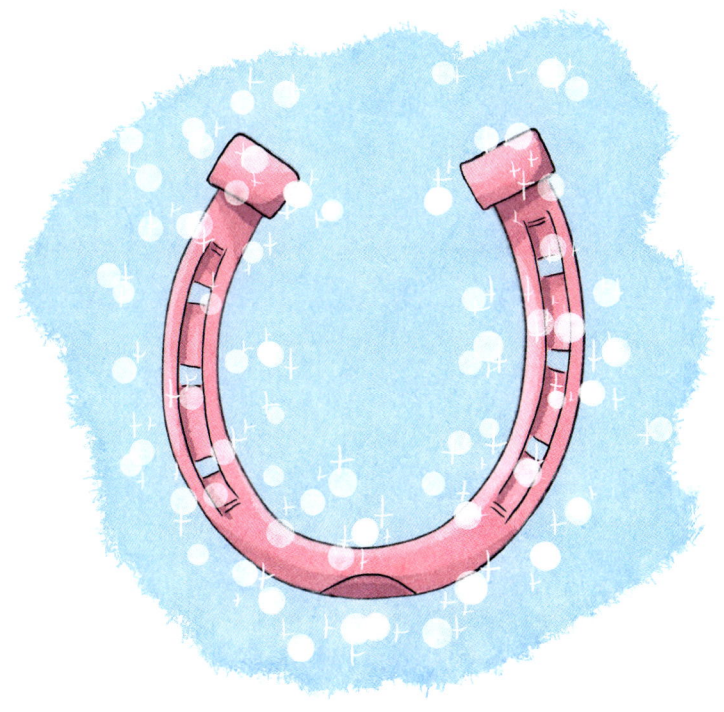

Die erste Flugstunde

Mitten auf einer prächtigen

steht die . Ihre vier ragen

in den wie spitze .

Viele kleine kommen

hierher, um zu lernen. Ihr

ist Professor Brille. Er ist streng,

aber auch lieb.

Heute müssen die kleinen

zuerst schreiben. Dafür heben alle

ihre . Bunte A B C schießen

aus den  hervor. Sie sehen

aus wie .

Anschließend wird gerechnet.

Dazu ruft der  ein paar

herbei. „Was ergibt fünf  plus

sieben  ?", fragt er. „Einen

ganzen 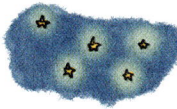 !", ruft Filu, ein

kleines  mit buntem  .

8

Alle lachen. Sogar Professor Brille.

„Jetzt werden wir fliegen", sagt

der  später. Die kleinen

sind aufgeregt. Geflogen sind sie

noch nie.

„Steigt auf den “, sagt

Professor Brille. „Schließt eure 👁 👁

und denkt an etwas, das ihr

gernhabt.“ Die kleinen 🦄

versuchen es. „Ich mag 🌻🌻“,

flüstert Sole.

Schon steigt das  mit der

gelben in den .

„Ich liebe !", ruft Bella mit dem

lockigen . „Und ich ",

sagt Filu. So heben nach und nach

alle ab.

Nur die kleine Rosi nicht. „Gibt es

denn nichts, was dich glücklich

macht?", fragt Professor Brille. „Du

musst es auch nicht laut sagen."

Rosi überlegt. Da fällt ihr etwas ein.

„Mein !" Rosi schließt die 👁 👁.

Sie denkt an ihren kuscheligen .

Sogleich schweben ihre  hoch

über der 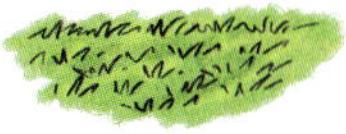 . „Bravo!", jubeln

alle. Aber am meisten freut sich

Rosi. Später wird sie ihren

ganz fest knuddeln.

Der Regenbogenzauber

Die kleinen haben sich

mit ihrem auf der

versammelt. „Heute blühen ja

gar keine ", wundert sich

Sole. Rosi schaut sich um. „Und

nirgends flattern .

Außerdem ist der ganz grau."

14

Professor Brille nickt. „Und das sollt

ihr ändern. Verwandelt die

und den  . Macht sie wieder

bunt und lebendig!" Eifrig legen die

kleinen  los. Sole schüttelt

ihre gelbe  .

Sofort scheint die . Filu stupst

sein buntes  in die .

Da wachsen wieder . Rosi

blinzelt mit den  . Schon

flattern rosa   umher.

Alle  zaubern.

Nur Piko steht abseits und schaut

zu. Er ist nicht weiß oder bunt

wie die anderen   . Alles an

ihm ist grau. „Willst du vielleicht

einen  zaubern?", fragt

der  . „Oder eine ?"

Aber Piko brummt nur: „Ich kann

das alles nicht!" Der  lächelt.

„Warten wir es ab", sagt er.

Dann sieht er sich um. „Ihr wart

aber fleißig", meint er zu den

anderen.

„Nur ein 🌈 wäre noch schön.“

Die kleinen 🦄 strengen sich

an. Doch es ist zu schwierig. Bald

wird ihnen heiß unter der ☀ .

Da tritt Piko hervor.

Zaghaft hebt er sein graues  .

Eine kleine dunkle ☁ pufft

daraus hervor. Sie wird immer

größer und schiebt sich halb vor

die ☀. Es beginnt zu regnen.

20

„Das tut gut", seufzen die  .

Auch die  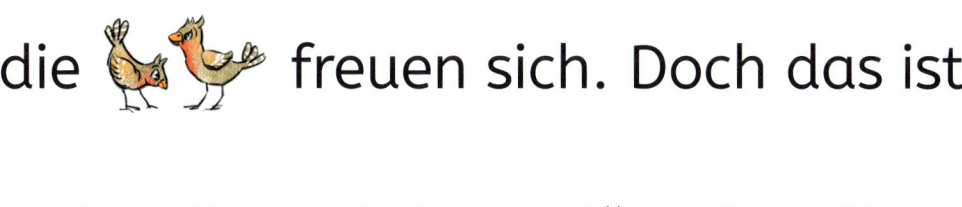, die  und

die freuen sich. Doch das ist

nicht alles. „Seht nur!", ruft Bella

und zeigt zum   . Dort wölbt

sich ein prächtiger   .

„Das war schlau, Piko!", lobt

der  . „Siehst du: Jedes

kann etwas." Piko lächelt stolz.

Dann springt er fröhlich mit den

anderen über die feuchte   .

Der Waldausflug

Heute erkunden die kleinen

mit ihrem  den  . „Was

ist das?", fragt Filu und deutet auf

einen orangefarbenen . „Der

glüht wie eine !" Professor Brille

nickt. „So ein  kann heilen,

wenn sich jemand verletzt hat."

Kurz darauf bleibt Rosi stehen.

„Die   sieht aus wie eine !",

staunt sie. Der  lacht. „Sie

kitzelt auch wie eine ", erklärt

er den  .

Plötzlich hören die  etwas

quietschen. „Das kam von der

großen ", meint Piko.

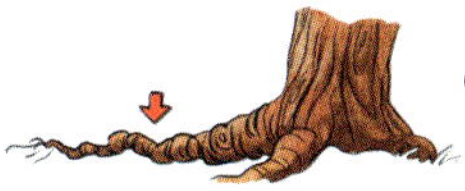

Er will schon losrennen, aber

der  hält ihn zurück.

„Diese  ist gefährlich. Sie

lockt einen an und schnappt dann

zu wie eine ⟨Schlange⟩!" Daher gehen

die ⟨Einhörner⟩ lieber weiter. Bald

darauf ruhen sich alle aus.

Nur Bella und Sole spielen .

Plötzlich rollt der  weg. Beide

springen hinterher. Da hören sie

es rufen: „Helft mir!" Sole schüttelt

den  . „Das ist nur die !"

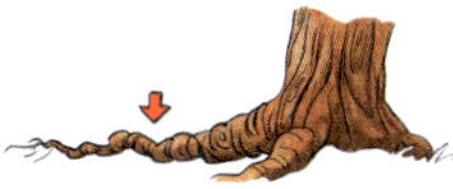

Aber dann erspäht Bella einen

kleinen . Er wird von der

festgehalten und quiekt ängstlich.

„Ich weiß was", flüstert Bella.

Schnell pflückt sie die  , die

aussieht wie eine ✒. Dann

schleicht sie sich an die 🪵 an.

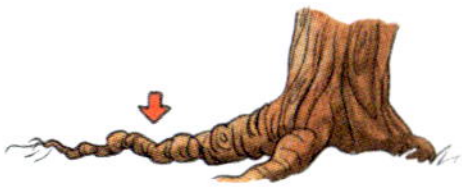

Vorsichtig kitzelt Bella sie mit

der 🌼, bis sie den 🐇 freilässt.

Aber der 🐇 ist am 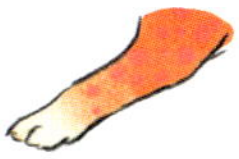  verletzt.

Sole holt den leuchtenden .

Mit dem   berührt sie das

verletzte 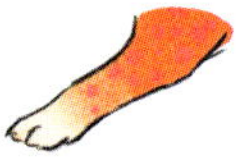  und heilt den .

Glücklich hoppelt er davon. „Los,

zurück, damit Professor Brille

nichts merkt!", ruft Bella.

Aber der  steht schon hinter

ihnen. „Das habt ihr toll gemacht!",

lobt er. „Gute  müssen

anderen helfen." Bella und Sole

sind erleichtert. Und dann gibt es

für alle ein leckeres  .

Die große Prüfung

Bald haben die kleinen

schulfrei. Aber zuerst werden sie

noch von ihrem  geprüft.

Wer besteht, bekommt einen

funkelnden in die .

Die kleinen  rechnen.

Sie lesen. Und sie schreiben.

Dann muss Sole einen

zaubern. Filu lässt darauf

tanzen. Anschließend verwandelt

Rosi einen in eine .

Bella wünscht eine  herbei.

Piko zaubert einen .

Alle kichern, denn der  wird

grau und nicht grün. Aber das ist

egal. „Und nun fliegt noch eine

doppelte ∞!", verlangt der .

Das ist schwierig. Die kleinen

müssen sich richtig anstrengen.

Aber alle schaffen es. „Bravo!",

sagt Professor Brille. „Ich bin stolz

auf euch!" Jedes  erhält

einen funkelnden ⭐ in die .

„Bis bald", sagt der . „Wir

sehen uns wieder, wenn die

von den  fallen." Aber die

kleinen  gehen noch nicht.

Sie schweben erneut zum   .

Dort bilden sie einen ◯. Ihre

berühren sich und formen einen

riesigen . „Dieser ist für

den besten  der !",

rufen die kleinen  .

Professor Brille ist gerührt. Unter

seiner dicken  glitzert sogar

eine . „Vielen Dank, meine

lieben kleinen  ", flüstert er.

Die Wörter zu den Bildern:

 Wiese

 Buchstaben

 Einhornschule

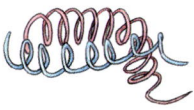 Luftschlangen

 Türme

 Sterne

 Himmel

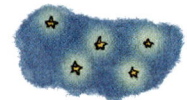 Sternen-
himmel

 Schnecken-
häuser

 Hügel

 Einhörner

 Augen

 Lehrer

 Sonnen-
blumen

 Hörner

 Mähne

 Eis

 Regenbogen

 Schweif

 Wolke

 Erdbeeren

 Vögel

 Teddy

 Wald

 Hufe

 Pilz

 Blumen

 Kerze

 Schmetter-linge

 Feder

 Sonne

 Wurzel

 Apfelbaum

 Schlange

 Ball

 Libelle

 Kopf

 Frosch

 Hase

 Brezel

 Bein

 Blätter

 Picknick

 Bäume

 See

 Kreis

 Wellen

 Welt

 Tannenzapfen

 Brille

 Seerose

 Träne

Annette Moser wurde 1978 in Hamburg geboren und arbeitete nach ihrem Studium mehrere Jahre als Lektorin in einem Kinder- und Jugendbuchverlag. Heute lebt sie mit ihrer Familie in Landshut und schreibt leidenschaftlich gern Kinderbücher.

Julia Gerigk, 1981 geboren, studierte Kommunikationsdesign mit dem Schwerpunkt Editorial Design und Illustration in Hamburg. Schon während ihrer Studienzeit veröffentlichte sie ihre ersten Kinderbücher. Heute arbeitet sie ausschließlich als freie Illustratorin, ihre besondere Herzensangelegenheit sind noch immer die Kinderbücher. Sie lebt mit ihren Hunden und Pferden auf dem Land in Mecklenburg-Vorpommern.

Bildermaus

Mit Bildern lesen lernen

ISBN 978-3-7432-1744-7

ISBN 978-3-7432-1732-4

ISBN 978-3-7432-1733-1

ISBN 978-3-7432-1754-6

ISBN 978-3-7432-1637-2

ISBN 978-3-7432-1638-9

Leselöwen LERNHILFEN

Erfolgreich durch die 1. Klasse

ISBN 978-3-7432-1580-1

ISBN 978-3-7432-1353-1

ISBN 978-3-7432-1354-8

Loewe
Das will ich lesen!

Leselöwen
1. Klasse

Erstes Selberlesen

Die Nr. 1 für den Lesestart

ISBN 978-3-7432-1734-8

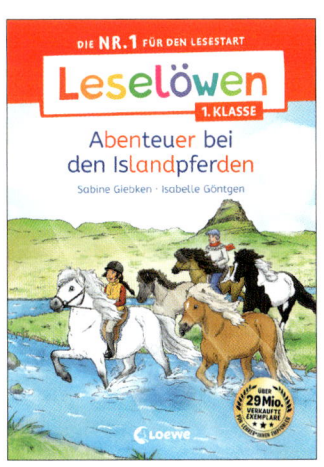

ISBN 978-3-7432-1749-2

ISBN 978-3-7432-1633-4

ISBN 978-3-7432-1631-0

ISBN 978-3-7432-1635-8

ISBN 978-3-7432-1725-6

Loewe
Das will ich lesen!

DEIN **Loewe** Newsletter

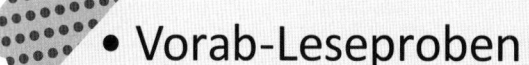
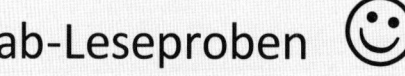

- Vorab-Leseproben ☺
- Exklusive Gewinnspiele
- TOP-Neuerscheinungen

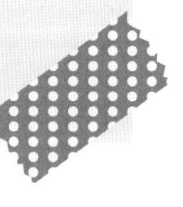